元史演绎系列
李治安　主编

成吉思汗陵史话

冯苓植　编著

YUANFANG
远方出版社

图书在版编目 (CIP) 数据

成吉思汗陵史话 / 冯苓植编著 . -- 呼和浩特 : 远方出版社，2019.4

ISBN 978-7-5555-1255-4

Ⅰ . ①成… Ⅱ . ①冯… Ⅲ . ①成吉思汗（1162-227）- 陵墓 - 史料 Ⅳ . ① K878.84

中国版本图书馆 CIP 数据核字 (2019) 第 074530 号

元史演绎系列

主　编：李治安

副主编：包明德　苏那嘎

民俗顾问：托　娅

蒙语顾问：巴拉吉

史学顾问：阿拉腾巴根　特古斯

成吉思汗陵史话

CHENGJISIHAN LING SHIHUA

编　　著	冯苓植
责任编辑	董美鲜　奥丽雅
责任校对	心　妍
装帧设计	晓　乔　韩　芳
出版发行	远方出版社
社　　址	呼和浩特市乌兰察布东路 666 号　邮编 010010
电　　话	（0471）2236473 总编室　2236460 发行部
经　　销	新华书店
印　　刷	三河市万龙印装有限公司
开　　本	170mm × 240mm　1/16
字　　数	60 千
印　　张	7.5
版　　次	2019 年 4 月第 1 版
印　　次	2019 年 4 月第 1 次印刷
印　　数	1—2 500 册
标准书号	ISBN 978-7-5555-1255-4
定　　价	28.00 元

序：不停的笔触，永恒的成陵

阿拉腾巴根

因操办《传承》杂志，我和著名作家冯苓植老先生两个不同民族的一老一小相识，如今已近二十年。老人对我们的杂志既出于欣赏而经常鼓励，又应约写稿给予杂志极大的支持。一个地道的谦谦长者，一个典型的好老头儿！

更令人感佩的还在于，这位耄耋之年的老作家，在退休之后竟放下了自己熟悉的文学创作，转而“躲进顶楼成一统”苦心研读起中外古今相关的蒙元史籍。据老人说，仅为“身为内蒙人，当知蒙古史”。经长期默默笔耕之后，2016 年即见到了老人四种七册的《元史演绎系列》出版问世。从六十岁写到七十多岁，苦苦追求的便是为了促进民族文化间的交融和理解！老人从不愿讲什么大道理以突显自己，似也只有永远的默默付出。

进入 2019 年，老人已满八十岁！从出版社得知，这位耄耋作家又将有两部新作列入《元史演绎系列》，即《成吉思汗陵史话》与《元上都史话》。我被深深地感动了，不料老人竟偏偏邀我为《成吉思汗陵史话》写序。我深感为难，也曾建议老人另请他人。谁曾想很快就被老人几句话“怼”回来了：“你是鄂尔多斯人，你也曾是鄂尔多斯的‘高考状元’，你还是我这套丛书的史学顾问，你不配写谁配写？”我无言以对了！其他姑且不论，我的确是在鄂尔多斯生、鄂尔多斯长，从小就知道圣祖成吉思汗的陵园就在故乡的伊金霍洛大草原深处。每一个鄂尔多斯的孩子都会因生长在成陵旁而感到自豪，每一个鄂尔多斯的青年都会因受到圣祖的激励而奋发向上。最终，我答应了耄耋作家的相邀，不避年龄的悬殊开始试着写了。

是的！圣祖成吉思汗“长眠之地”仍存在着诸多争议：一说长眠于蒙古高原的肯特山下，一说长眠于新疆阿尔泰山开凿的石窟之中，一说长眠于贺兰山麓，一说长眠于鄂尔多斯伊金霍洛大草原……究其原因，皆因古代大汗葬仪完全不同于中原帝王。中原历代帝王大多要起高大的坟冢与豪华的享殿，而历代蒙古大汗却反其道而行之：来自草原，回归草原，均深深埋葬于生前所选的茫茫大草原下。不起坟，不筑殿，进而纵万马往来踏平，待来年百草萌发，早已无迹可寻。当代中外考古学家曾用现代高科技反复考查，至今不仅未找到成吉思汗长眠之地，就连其他大汗长眠之地也未找到一处。故而圣祖长眠之地是否在伊金霍洛大草原，尚且存疑。

但大多数鄂尔多斯人坚信不疑，而且他们确实也有自己的依据。据史载，当年成吉思汗率部远征西夏，途经伊金霍洛大草原时，见此地水草丰美、百花盛开，曾留有遗言："他年吾死之后，可葬于此。"更何况！当年为圣祖守陵的卫队——达尔扈特人，历经七百多年，至今仍在鄂尔多斯坚守着……在我看来，长眠之地虽尚且存疑，但鄂尔多斯人引以为傲也绝不过分。须知，在《元史》中早有记载，在元王朝入继华夏大统不久之后，元廷便将圣祖的重要遗物迎奉到了鄂尔多斯，并将伊金霍洛永远定为祭奠成吉思汗之圣地。这才有了成陵，有了鄂尔多斯人永远的骄傲！

耄耋作家暮年尚能借成陵追思"一代天骄"之丰功伟业，作为在圣祖陵园旁长大的鄂尔多斯人就更不能甘于落后。就拿我个人来说，现在正从事治沙与环保事业，目的就在于，尽早重现圣祖当年途经伊金霍洛时的景象：水草丰美，百花盛开！

感谢冯老对成陵深入而又详尽的介绍，似可作为一部必备的旅游指南！

仅以此文交差，权代序……

目录

成陵今昔

引　子

在内蒙古自治区鄂尔多斯市之南部，有一座举世闻名的牧区县城——伊金霍洛旗。这座县城之所以远近闻名，是因为在它的腹地甘德力大草原上，深埋着一位曾经震撼过世界的历史巨人——

一代天骄成吉思汗！

这位蒙古民族心目中永远的圣祖虽然逝世已近八个世纪，但他在华夏各民族的历史进程中的崇高地位却经久不衰！不仅如此，就连当代世界上许多著名的历史学家和人类学学者，仍然在孜孜不倦地探究着这位历史巨人。例如，美国杰出的人类学家杰克·魏泽福（Jack Weatherford）就把自己研究蒙古史的专著，干脆起名为《成吉思汗——近代世界的创造者》。在书中，作者认为："蒙古人并不比当时的'文明'国家更残忍。他们不仅勇于在马上征服世界，也懂得下马治理天下。其草原帝国促进了国际贸易的发达，加速了区域间人口、观念与科技的转移，为近代世界奠定了基础。”

这样一位世界伟人的陵园，当然会引起国内外无数游人前来瞻仰。然而，成陵这个蒙古式的宏伟建筑群落，却大多是在内蒙古自治区成立之后扩建而成的。

似缺了七八百年以来与茫茫大草原融为一体的祥和与宁静。

却也反映了瞻仰者对这位历史伟人深深的怀念和追思。

那成陵的原貌到底是什么样子呢？

且听细说“八白屋”……

成吉思汗像

成吉思汗八白屋

成陵旧容

有史记载，华夏历朝历代帝王之皇陵均豪华无比，似非要把帝王和龙的权势与奢靡生活一起搬到“地宫”里不可。秦始皇陵即如此，且不说陪葬的兵马俑方阵，就单论那如山丘一般的坟冢，巨大无比，高高耸起，显然在死后还要千秋万代地突出他的帝王之尊。

延至后代，皇陵的建筑又有了新的花样……

据史载，新皇登基之日，也就是他的地宫启动之始。如乾隆在位六十年，就等于说要一直劳民伤财六十年。如果皇帝亲临视察后认为不行，就得作废，重来。

为此，建筑地宫除奢华无比外，地上相关配套建筑，如宝顶、享殿、厢房、碑亭、陵墙、角楼等，均要按皇家模式建造，要求极严，如明十三陵、清东陵及清西陵。或许参观者会说：为了这些死人，饿死了多少活人啊？

坟冢、坟冢！白花花的银子堆成的帝王坟冢……

然而，作为大元朝的奠基人——史称元太祖的成吉思汗——他身后的陵园与上述帝王之陵寝相比，似乎有些“反其道而行之”，显得有些过于朴素和简易了。据长者回忆，原先坐落在伊金霍洛之茫茫甘德力草原上的成陵，不但没有耸若小山似的陵冢，更没有享殿及陵墙之类的土木建筑。在一马平川、碧草如茵的大草原上，只安扎着八顶马背民族特有的白色蒙古包。包中分别供奉着成吉思汗及其幼子的灵位、遗物及罕见的珍藏等。

成吉思汗像

这就是史称的“八白屋”，古昔的成陵……

就是如此的

成吉思汗陵

简易、宁静，甚至很难见到一砖一木。但如果要拔高到节俭朴素之类的道德高度，似乎也不恰当。应当指出，这与蒙古民族的丧葬习俗有关，且深深反映了游牧文明中的某种哲理性思考。牧人们大多认为：人的精神远远重于肉体。既然生前的一切均取自于草原，当然死后之遗体也应回报草原。精神与日月山川永存，遗体则尽快安详地与茫茫大草原融为一体。蒙古式的落叶归根，是他们认为的人生终结的最好归宿。绝大多数牧人死后似也只能依古俗进行“野葬”（也称“天葬”），只有“汗”级人物才可以破例长眠于茫茫大草原覆盖的地下。

然而目的却是相通的：尽快与大自然融为一体……

有关大汗的葬仪后面还会详细讲到，现在就让我们再次回顾历经近八个世纪的成吉思汗古老的陵园：依旧是鲜花盛开的茫茫大草原，依旧是那历经风雨的祭祀蒙古包。一望无垠的碧野是如此安详静谧，仿佛与日月星辰一起融合成一幅静穆的永恒画面。

没有坟冢，没有配殿，却展示了蒙古人特有的胸怀和智慧……

就连世世代代专职守护成陵的达尔扈特人，除了依

成吉思汗陵一隅

苏勒德祭坛

祖制的例行祭礼外，也从不愿打破这片历经七八百年固有的宁静。他们永远在暗中默默守望着那支插在八白屋前的成吉思汗御用的“长矛”——苏勒德！完全可以这样说：它，就是成陵的象征！须知，从北元时期的异族军阀，到抗日战争时期的日寇，均想攻占成陵、夺取苏勒德，从而“挟天子以令诸侯”，达到其分裂中华之阴谋。

昔日宁静的成陵不再宁静，觊觎者的目光不时闪现……

多亏了中华人民共和国的诞生，且内蒙古自治区又是我国成立的第一个少数民族自治区！

一座面貌一新的成陵最终展现在世人面前!

引来国内外瞻仰者无数……

成陵今貌

现今之成吉思汗陵园，仍屹立于伊金霍洛旗甘德力草原深处。只不过原来那仅有的八顶祭祀的蒙古包不见了，取而代之的是一座宏伟壮丽的蒙古式成吉思汗陵殿。据统计——

陵园总体面积：五万五千平方米。

陵园绿化面积：五万三千五百平方米。

陵园建筑面积：一千五百余平方米。

在一片葱茏翠绿的映衬下，面对正面祭坛的是由三座高耸的蒙古包顶式建筑组合的陵殿群。气势磅礴，别具民族风韵，令瞻仰者望之无不肃然起敬。正殿高约二十五米，东西殿高约十八米。而在其内部除正、东、西三殿外，尚可分为寝宫、东过厅、西过厅，共计六部分。这六部分依据蒙古民族的祖制祖风，分别展示着各自存在的特殊意蕴。

正殿：正中耸立着一尊成吉思汗之汉白玉石雕坐像，高四米三十厘米，其背景为成吉思汗地跨欧亚四大

成吉思汗陵

汗国的疆域图。

寝宫：安放着成吉思汗的坐像及其三位夫人的“灵柩”。

东殿：依照蒙古民族古代“幼子守灶”之遗俗，安放着成吉思汗小儿子拖雷及其妻子索鲁禾帖妮的“灵柩”。“幼子守灶”有别于汉地之“长子承业”，即无论生前死后幼子都将永远陪伴在父母身旁。

西殿：供奉着成吉思汗的银马鞍、弓箭，以及圣奶桶等神圣而珍稀的遗物。

在东西过厅及各殿四壁上，均彩绘有成吉思汗戎马一生，对内统一蒙古各部，对外开疆拓土，以及其子孙之业绩与生活习俗等的巨幅壁画。

以上即宏伟陵殿内的大体情景。

必须指出，陵殿内的所有展示绝不能以世俗的思维来衡量。比如，一提到灵柩就很容易联想到棺与椁。非也！蒙古民族自有独特的处理方式。

成吉思汗陵园并非仅由此一座雄伟的陵殿构成。既然占草原绿地约五万五千平方米，就必然有相应的配套设施。的确如此！现仅就重要的列述于下——

成吉思汗坐像

祭坛：设置于陵殿前的台基上，正对着那座威严的成吉思汗汉白玉坐像。除按时节祭奠外，平时石雕的祭坛上部供奉着那杆神圣的苏勒德。苏勒德，貌似一杆缀有黑缨的巨大长矛。据传，那些黑缨全是由成吉思汗跨下御马剪下的黑鬃毛组成的。故只要苏勒德指向哪里，哪里就会所向无敌、战无不胜，似起着引领冲锋陷阵的军旗的作用。为此，也有人把它称为金戈铁马的“军徽”，但更多学者认为它是成吉思汗指挥战争的“权杖”。似后者更为妥帖。斯人已逝，权杖永存，值得供奉在陵殿之前……

阿拉坦甘德尔敖包

陵史展厅：以真实的史料记述着新旧成陵的演变过程，陈列着党和国家领导人以及学者名流谒陵题词、照片及珍贵文物等。

中华民族共有的民族英雄，一代天骄谁不敬仰……

圣祖行宫：坐落在距成吉思汗陵殿约一公里远的茫茫大草原上，是由一座金顶大帐与多座随同毡包组成，严遵古代游牧民族礼制，也可作为盛夏敬祖祭祀之场所。其中，金顶大帐直径约十八米，高约十三米。古色古香、古风古韵，展现了昔日圣祖巡游避暑的场景。

更重要的是，世代守护成吉思汗陵园的达尔扈特人，严遵历代先祖的遗训，绝不允许有人破坏陵园四周的茫茫大草原。不许起陵冢，不许立碑亭，不许打扰长眠于地下的圣祖的永恒宁静。

故从本质上而论，成陵仍是原生态的成陵……

问题是，当历朝历代的帝王均变得“默默无闻”时，为什么成陵却引起了国内外的瞩目？不仅国内的史学界在逐步修正对成吉思汗的历史评价，就连国外学术界也在重新认知这位历史伟人。

为此，欲了解成陵就必先了解成吉思汗辉煌的一生。

他不仅是蒙古历史的创造者，也是大元王朝的奠基

成吉思汗坐像

人！

他不但“灭国四十，用兵如神”，而且绝不乏文治之功！

且听慢慢道来……

辉煌人生

在介绍成吉思汗辉煌的一生之前，似应先讲讲在历史长河中的蒙古民族。

据考证，早在汉唐时期，蒙古民族就已出现于各类史料典籍中。只不过因汉语音译的不同而使人有些模糊，在不同时期的史籍中所言的诸如蒙兀室韦、蒙瓦室韦、梅古悉、谟葛失、蒙古斯、萌古子、萌古、朦骨等，均指蒙古民族。这足以说明早在几千年前，蒙古民族就已融入华夏各民族的历史长河中。但也必须指出，在成吉思汗之前，蒙古民族与匈奴、突厥、契丹、女真等相比并不凸显。我国著名的史学家翦伯赞先生在视察呼伦贝尔大草原时曾说："这里曾是中国历史的大后台，各民族一旦在这里演练成功，便会向中原大地演出一幕幕波澜壮阔的历史剧！"事实也的确如此，匈奴有过自己统一的王廷，突厥也曾纵横天下，契丹建立过辽王朝，女真也曾建立过金帝国。若无成吉思汗的"横空出世”，马背民族很有可能仍是一盘散沙似的沉浸在部族间互斗的噩梦之中。

当时，成吉思汗面对的现实分外严酷，草原上只有一个又一个以宗族为主体的部落。他们根本没有什么国家的概念，甚至对其民族意识也各有解释。在成吉思汗统一蒙古之前，竟只有语言，尚无文字，似仍处于半原始的洪荒状态。部族间为牧场、水源、女人、牛羊等世世代代恶斗不息。称之为“一盘散沙”似乎还轻了点，将其视为血腥的内耗更为恰当。相互械斗只能削弱自己，使整个民族逐渐陷入沉沦。更何况！成吉思汗的

成吉思汗诞生地

起点是如此之低。既无“秦皇”凭六代前王打下的基础而一统六国，又无“汉武”凭文景之治奠定的实力去北击匈奴。而他之所以能凭一己之力带领蒙古民族震撼崛起，似更突显了一位绝代民族英雄的文韬武略！

成陵能成为圣地，反映了后辈儿孙对他的感恩和怀念……

成吉思汗的金马桩

故在讲述成吉思汗辉煌的一生时，不是单纯用编年史或年谱的传统手法，而是仅就其“政治遗产”来回顾并评价其文治武功。拨乱反正，力图恢复他在历史中的真实面貌。要知道，华夏历史上那些著名的帝王，诸如秦皇、汉武、唐宗、宋祖等，在国外均鲜有人知，而一代天骄成吉思汗至今仍举世瞩目！

国内外瞻仰者日益增多就是最有力的证明！

但陵园也说明，再伟大的人也有人生的终结。似也只能从他所留下的历史遗产，去回顾其辉煌的一生……

成吉思汗遗产之一：一部征服者的不朽史诗

1227年，贺兰山麓。

一代天骄成吉思汗与世长辞，享年六十七岁。翌年，遵其遗言葬于内蒙古鄂尔多斯境内，从此便长眠于伊金霍洛茫茫的大草原上。似在永恒的静穆之中，渐渐地化成了一部千古不朽的伟大史诗。

然而，史诗开篇承载的往往是苦难……

只要简单地查阅一下《蒙古秘史》便可得知，成吉思汗从少年时期起所经受的种种苦难，绝对是常人难

折箭训子

以想象和承受的。在他尚未成年之时，作为部族首领的父亲也速该便被塔塔儿人下毒暗害了。但他无力复仇，似也只能随母携弱弟幼妹四处避祸。但刚等成年可凭胆识重聚部族时，却又被本族谋篡者偷袭而被械枷准备献于仇部以杀之。后来虽经人暗救逃脱且又重振了父亲遗留的部族，谁料新婚不久的美丽妻子孛儿帖又被篾儿乞惕人掳走了……真可谓“福无双至，祸不单行”，仅在二十岁前后，他便历经了杀父之仇、夺妻之恨以及被安答（朋友）出卖的种种奇耻大辱。

但成吉思汗毕竟是成吉思汗！

成吉思汗的母亲诃额仑

似正应了中国那句古话：天将降大任于斯人也，必先苦其心志，劳其筋骨……这位蒙古民族的骄傲历经磨难，百折不挠，不但磨炼出了胆识，而且磨炼出了谋略。大丈夫能屈能伸，竟甘心认最强大的克烈部首领王罕为义父，又与札达兰部的首领札木合结为兄弟。合纵连横，不久便向二人借得铁骑三万，大败篾儿乞惕部的首领脱脱汗，不仅夺回了娇妻孛儿帖，同时也初显了他卓越的军事才能和天生的领袖气质。

从此，苦难结束，史诗只承载他所创奇迹——

1189年，由于他的“出手不凡”和超群的人格魅力，父亲死后散乱的部落贵族与部众又纷纷向他聚拢，并推举他为统领乞颜部族的“可汗”。

1189—1200年，他厉兵秣马，吞并附近的一些小部族，“归附者日众，势力日渐强大”，终使乞颜部成为蒙古草原最具实力的部族之一。在此期间，还曾借斡里札河战役东攻世仇塔塔儿部族，“败其精锐，掠其民众”。虽未捉住杀父仇人，但“统一蒙古各部”的构想已日渐成熟。

1201年，义父王罕与义弟札木合唯恐他“坐大”，

大汗军队出发

竟相继与他反目成仇。札木合亲率塔塔儿与泰赤乌等部族联军来攻，成吉思汗率乞颜部族沉着应战，突显统帅才能，一举击溃了数倍于己的来犯之敌。

1202年春，成吉思汗再次出兵奔袭，彻底消灭了世仇塔塔儿部族，生擒了下毒凶手，终于为父亲也速该报了仇。这不仅恢复了乞颜部族的荣誉，而且也朝向“统一蒙古各部”又迈进了一步。

1203年，他与义父王罕彻底决裂，两个最强大的部族先后在合兰真与折折运都山展开激战。雄才大略的成吉思汗率乞颜部越战越勇，老迈昏聩的王罕却因志大才疏而使克烈部彻底败亡。从此，成吉思汗威名远扬，统一全蒙古已指日可待。

1204年，他迎战最后一个劲敌——乃蛮部族的太阳汗。成吉思汗率军在纳忽山一带大败强悍的乃蛮大军，彻底灭亡了领土面积最大、百姓最多的乃蛮部落。从此，成吉思汗所统率的草原铁骑已变成一股摧枯拉朽的力量，追随他四处征战已成为马背民族最大的骄傲和光荣。

1205年，金王朝早因腐朽不堪而无力阻止，似也只能眼睁睁地看着成吉思汗追歼各部族残余反抗势力。到了年底，成吉思汗已经彻底统一了蒙古高原，结束了马背民族自古以来部族林立、战乱不断的局面。

1206年春，成吉思汗在斡难河源头（今内蒙古海拉尔河一带）的忽里台大会——贵族和勋将的大聚会——于万千铁骑的欢呼声中被尊为“成吉思汗”，即普天下之大汗！并且无视金王朝的存在，另立自己的大旗“九脚白旄纛”，建国号为“也客蒙古兀鲁思”。

但这仅仅是史诗的一半，最辉煌的部分还在后面……

综观上述，由衰败、重振、崛起直到史无前例地统一全蒙古，仅仅用了二十年左右的时间便完成了前人不敢想象的伟业。这证明了他不但是个伟大的军事统帅，还是个天才的政治领袖。比如，在统一后他将下属臣民不分部族一律统称为蒙古人，这就产生了一种不可估量的民族凝聚力。人人均以身为蒙古人而自豪，个个皆愿为蒙古民族的荣誉去赴汤蹈火。与此同时，一个更加深

成吉思汗统一漠北

谋远虑的计划在他的心中形成了。他明白，就此马放南山重归游牧是多么不现实。死灰还会复燃，故态还会复萌，金王朝也会乘虚而入。眼前似乎只有继续征战这一条路：必须把战火引向隐匿流窜敌手的邻近诸国，必须把战火引向世仇金王朝所在的中原大地。高举复仇的旗号，浴火才能获得重生！征服者的征战高于一切，权且

大汗军队中的长矛手

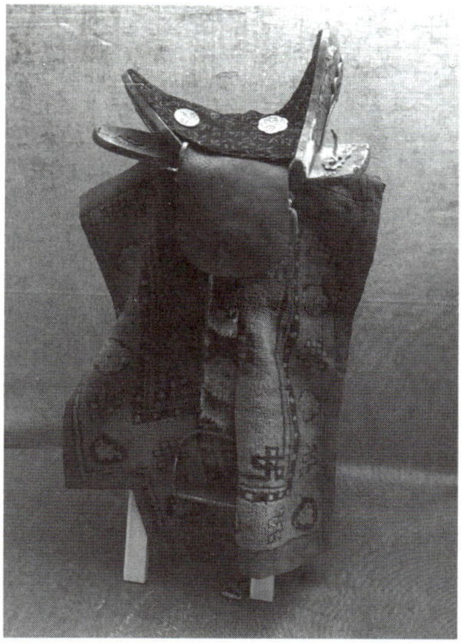

马鞍

把它当作一场面向世界的大“游牧”！

随之，震撼欧亚大陆的后半部史诗便算掀开了……

1205年，在登上“普天下之大汗”大位之前夕，他便开始尝试对外用兵了。首个目标便是党项族建立的西夏王朝。他曾多次亲率铁骑攻入西夏境内，总是以曾收留重要的世仇人物为借口，打得羸弱的西夏国主似也只能称臣、纳贡、献女、听候征调，直至最终被屠城灭国。

1211年，曾杀害先祖俺巴亥的金王朝，成了成吉思汗的第二个征服对象。成吉思汗高举复仇的旗号，于1211到1215年先后四次攻入中原。曾在野狐岭和居庸关两地歼灭金朝精锐数十万，并于1215年攻占金中都燕京，迫使金王朝皇帝匆忙迁都汴梁以避之。从此，黄河以北的广袤中原地区继鲜卑、契丹与女真之后，又迎来新一轮的少数民族征服者。

1218年，当听说太阳汗之子屈出律率乃蛮残部投靠“黑契丹”之后，成吉思汗命大将哲别率数万铁骑前往讨伐之。“黑契丹”史称“西辽”，乃辽王朝覆灭后一支皇室遗族逃往今俄罗斯托克马克以东地区所建立的政权。哲别受命后很快便以迅雷不及掩耳之势打通了今新疆与中亚一带，直插“黑契丹”境内。此时的西辽皇权

银东布壶

已被屈出律篡夺，哲别利用了契丹人的不满而里应外合地进行决战，追杀屈出律于巴达哈尚山中，灭西辽并将其领地纳入大蒙古国版图。这是远离本土西征的一次尝试，从此成吉思汗的征服欲望便超越了亚洲大陆。

1219年，蒙古的商队和使者在花剌子模国被掠被杀。成吉思汗遣四使前去质问，不料其中二人当即被砍头，另二人则以最大的羞辱方式被拔掉胡须逐归。成吉思汗勃然大怒，似忍无可忍竟亲自统率二十万铁骑开始

大汗亲征

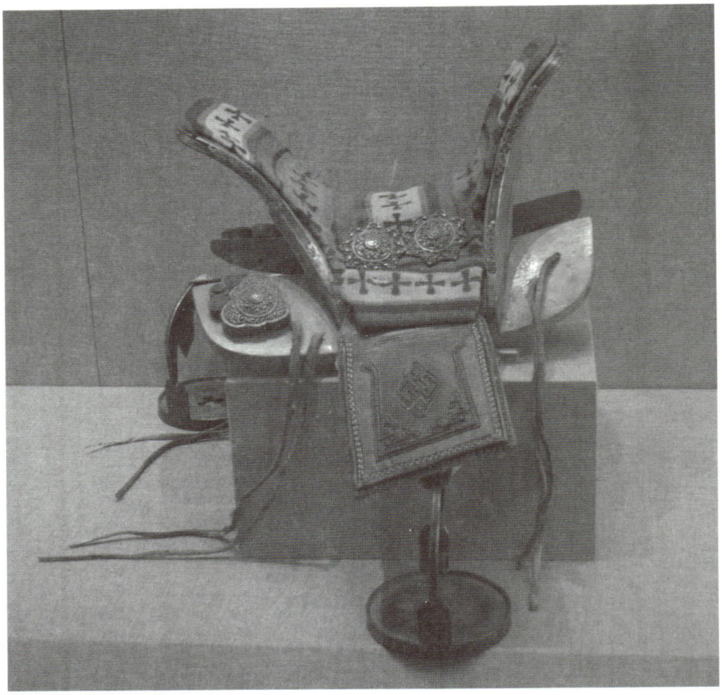

马鞍

了举世震惊的第一次西征。但花剌子模国也不是毫无防备，不仅陈兵四十万于各要塞，而且以坚壁清野来迫使蒙古大军不战自退。而此时成吉思汗更突显了他那超凡的军事天才，充分展示了他那无与伦比的指挥艺术。成吉思汗表面上继续命察合台与窝阔台轮番佯攻讹答拉军事要塞以吸引对手的增援兵力，实际上早暗中派术赤率右路军奔袭锡尔河下游诸城，并且派出左路军突袭锡尔河中上游诸城；自己则与拖雷亲率主力横穿沙漠奇袭西南方的不花剌城（今中亚名城布哈拉）。这一战略将蒙古铁骑的优势和特点发挥到了极致，人马合一，兵贵神速，突显了马背民族奔袭、突袭、奇袭之特长。声东击西，各个击破，势如破竹地连克诸多名城。不仅将花剌子模国彻底剿灭，同时还占领了呼罗珊全境。此外，还向南入侵印度河流域，向北攻入俄罗斯南部广袤地区。仅以忽必烈之父拖雷为例，作为成吉思汗的嫡幼子，他单独率军，先后攻陷马鲁（今土库曼斯坦境内）、你沙不儿（今伊朗之尼沙普尔）、也里（今阿富汗赫拉特）

铁马金帐

青铜犬

等地，战功卓著，一时间竟成为蒙古民族的战争英雄，时年也不过二十多岁。成吉思汗的军事指挥艺术由此可见一斑，此役也成为世界战争史上的一个范例。甚至有人将它称为“闪电战”之鼻祖，难怪后世史书称他“用兵如神，灭国四十”。

马踏欧亚，震撼世界，史诗终于达到顶峰……

1224年，成吉思汗班师回到了草原母地。这次游牧民族史无前例的军事大征服，最终建立了一个地跨欧亚、规模空前的大帝国。忽必烈时年刚刚十岁，他曾随长辈亲自去迎接伟大祖父的凯旋，从此常伴于成吉思汗膝下，对伟大祖父充满了敬佩之情。但也毋庸讳言，对

法器、经书

中原汉地的攻掠方式，曾产生过一些血腥的副作用。当代著名元史专家李治安先生的评价较为中肯，现特将相关部分引录于后——

由于蒙古草原游牧文化与汉地农耕文化的隔阂、冲突，由于蒙古父权封建国家对外扩张掠夺的（原始）属性，成吉思汗一方面无愧为杰出的草原帝王和新兴的蒙古族领袖，一方面又不可避免地充当了汉地先进文明的破坏者和毁灭者。

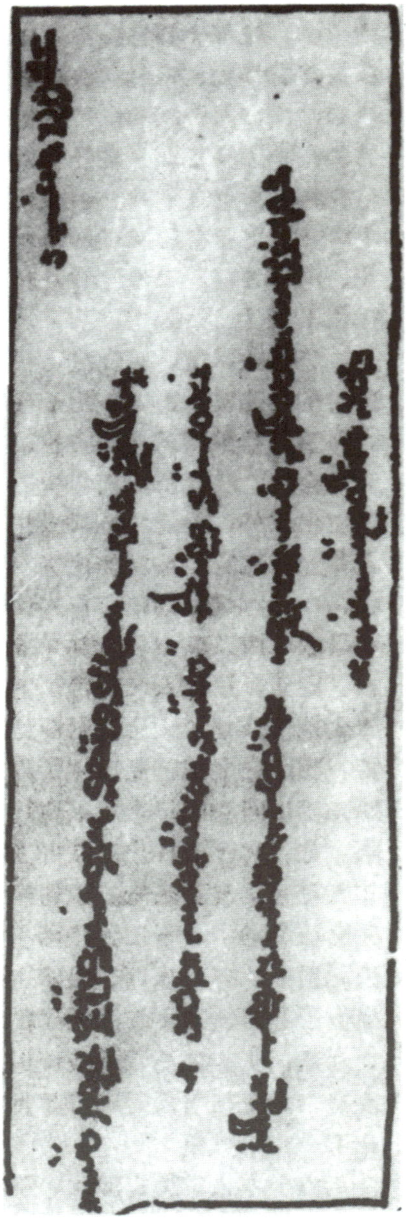

成吉思汗碑文拓片

文中提到的“不可避免”显然是指历史局限性，几乎北方少数民族入主中原时都曾经历这个过程。后来成吉思汗任命亲信大将木华黎主持中原大政，随即御批了“兼容并蓄、笼络八极”的治理汉地之策。李治安先生也提到，随后“才逐步有所改变”。

只可惜史诗到最激越时却戛然而止了……

从此，一代天骄成吉思汗便长眠于伊金霍洛茫茫的

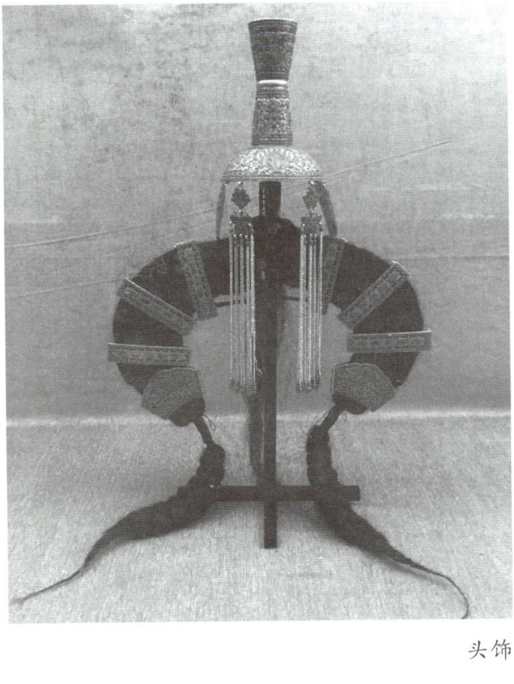

头饰

大草原下，在一片静穆中似只等着儿孙们续写更辉煌的史诗篇章。

但儿孙们却似永远难以逾越他……

须知，仅用二十年就统一了部族林立的蒙古草原，又用二十年便马踏欧亚创出了震撼世界的伟业。西方史学家编纂的《世界征服者史》中称他“前无古人，后无来者”！但也必须指出，他所留下的空前绝后的庞大帝国，对儿孙们来说却又显得如此沉重。似处处潜藏着隐患，似处处暗伏着权力之争。不仅难以逾越，似乎就连维系都困难重重。

路在何方？难道成吉思汗生前就没有留下宏伟的遗愿？

天不假年，当时似也只能留下一部服务于征服的巨大战争机器。

猛将如云，而汗廷内外却鲜见文臣……

成吉思汗遗产之二：强力使神权从属于汗权

春秋战国时期的文献巨著《左传》中，记载了远古帝王们的主要职责是“祀与戎”。其中，“祀”系指

萨满教头饰

祭祀天地和祖先，“戎”系指攻伐战争。《左传》中指出“神权与皇权”必须高度集中于一人之手，否则两权纷争必将酿成国之大乱。难道不是这样吗？古埃及的多位法老死得不明不白皆源于此，凡是执掌神权的祭司权力过于膨胀必造成天灾人祸。而中国似乎最早进入封建社会，故在夏、商、周时期，历代帝王就假天子之名逐步解决了这个问题。当代杰出的哲学家任继愈先生曾总结：中国向来是“政教合一”的，最高统治者既是君王又是教主。

成吉思汗也遇到了同样的问题……

远古的大草原尚处于蒙昧时期，当时的蒙古族各部落普遍崇奉原始宗教——萨满教。坚信世上万物皆有神，遇事必向主宰一切的长生天祈祷。而萨满巫师又被视作唯一可通天达地、预卜吉凶祸福的人，故在各部间都有极为广泛的虔诚信众。再加上他那套极具原始野性的作法仪式，在一种神秘的氛围中就连氏族首领也需向他顶礼膜拜。当然，萨满巫师的一些巫术不能仅用迷信来解释，比如敲起法鼓驱鬼祛病，就很可能包含一些世代积累的原始治病手段。他们大多为师徒或父子承袭的，结交广泛，地位也日渐不同凡响。而各氏族首领为稳固部落也离不开他们的装神弄鬼，故大多萨满巫师也

萨满作法图

渐渐开始涉政。还有一些野心勃勃、权欲熏心的人也改行去当了萨满巫师，蒙力克的第四子阔阔出就是极为成功的一例。蒙力克乃成吉思汗之父临终前的“托孤家臣”，为人忠直老诚，但他的儿子阔阔出却是个极有心机的家伙，偏偏要走这种捷径。就在蒙古各部族即将统一之际，这位日渐老练的阔阔出竟以萨满巫师的特殊身份出现在成吉思汗的身旁。

居心叵测，却不乏远见卓识……

据《蒙古秘史》载：1206年春，成吉思汗已经统一了蒙古草原内斗不休的各部族，正于斡难河源头召开议事的忽里台大会（首领聚会或贵族会议），目的在于推选出蒙古草原的“共主”。这是氏族社会的一种遗风，若不经过这道程序，即使登上大汗之位也很难服

蒙古族刺绣工艺

复制的成吉思汗玉玺

众。而面对各有盘算的众多部族首领，似还得借助长生天之口方能尽早完成这个心愿。就在关键时刻，阔阔出终于先声夺人地适时“挺身而出”了，他要代“忽里台”西去天庭请示长生天的旨意。但话是好说，真正要突显通天的“异兆”可就难了。谁料第二天阔阔出竟坦露双臂光着双脚就跨马出行了，果然这形象当即令众人蓦地一惊。要知道，当时虽已入春，但草原依然非常寒冷，夜晚照样可滴水成冰。而他却一反平时萨满巫师披挂兽皮法衣舞动吟咒的常态，竟赤膊裸脚义无反顾地向着远天的地平线策马走去。是夜，朔风怒吼，却迟迟不见他归来。第二天日出时，仍未见到他的身影，大多数人均以为他由于“求功心切”被冻死在荒野深处了。谁

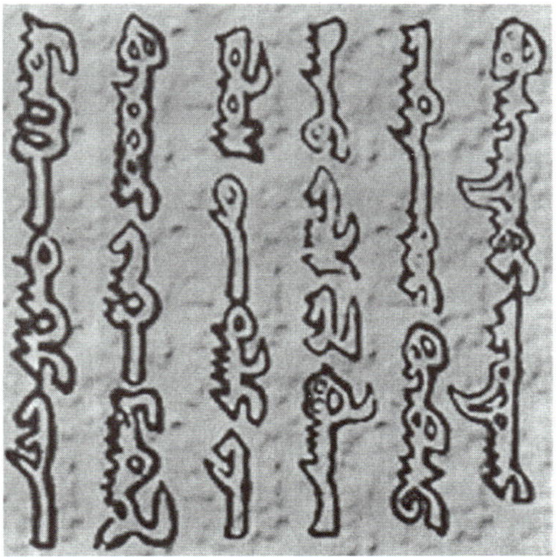

玉玺印文

料想就在这时，他竟出人意料地缓缓走来。不但跨在马上赤膊裸脚未曾冻死，而且浑身蒸腾着一层雾一般的白色热气。远远望去，犹如腾云驾雾一般。当即令见者莫不惊伏于地，均认为他是真正能上通天庭的伟大萨满。而他也就趁势向众人庄严宣布：他已见到了长生天！长生天已把天下恩赐给铁木真（成吉思汗的本名）及其子孙……随之，一切变得顺理成章，铁木真被推举为各部族公认的大汗，号“成吉思汗”，意为普天下之大汗，从此再无人敢直呼其名，这就是成吉思汗名号的由来。之后，便是树起“九脚白旄纛”，建国号为“也客蒙古兀鲁思”。

元代铜驼铃、马镫、马嚼

之后，成吉思汗忙于整顿和改组一盘散沙似的各部族，似只顾集中掌控汗权而对神权有所忽略。只可悲！阔阔出得寸进尺，更加骄横跋扈，竟以长生天的传旨人自居，趁机挑战汗权了。用心阴恶！明知成吉思汗对二弟合撒儿心存芥蒂，他却偏要从中挑拨离间，动摇黄金家族的权威。一天，他为了试探而借口长生天的旨意，公然当众毒打了前来觐见大汗的合撒儿。果然成吉思汗得知后，竟认为这是长生天代自己教训这个功高震主、桀骜不驯的兄弟，反倒斥责合撒儿，说：“你平时说人不能敌，如何却被他打?”语多嘲讽，气得这位战功颇多的兄弟也只能垂泪不辞而别。而阔阔出见成吉思汗并未因此怪罪自己，于是变本加厉地进谗言道：“长生天的圣旨神来告说，一次是叫你铁木真管百姓，一次却又说是叫合撒儿管百姓。若不将合撒儿除去，事未可知。”岂容他人觊觎大汗之位，就是亲兄弟也不成！成吉思汗中了阔阔出的奸计，竟率阔阔出和众随从连夜来捉拿合撒儿。这时，伟大的母亲诃额仑赶到，罕见地大动肝火，她袒露自己的胸怀说:“你们兄弟都是吃着我的奶长大的！合撒儿何罪，你将骨肉残毁？你有智慧，合撒儿有力气，那是长生天所赐的绝配啊！是谁教你敌

元代夜巡牌、玉颅顶

母亲公园群雕

人刚刚尽绝，你就要对自己的亲兄弟下狠手了？”母亲义正词严的训斥，阔阔出在一旁尴尬的奸笑，终于使成吉思汗若有所悟了。当时只因初登大位尚需借助神权，才使他优柔不决迟迟未对阔阔出动手。

女性的直觉往往能先一步洞察事物本质……

但阔阔出却把成吉思汗暂时的优柔不决视为可欺，随后竟变得更加嚣张起来。他不再把任何人放在眼里，同时一些附势的人和一般巫师也纷纷投靠于他的帐下。阔阔出俨然以萨满教总教主自居，明摆着神权要和汗权分庭抗礼了。据《蒙古秘史》记载，当时“就连成吉思汗处也不如他这里红火”。事态发展到最后，连成吉思汗最宠信之幼弟斡赤斤的一些部下也改投阔阔出了。斡

元代陶俑出行队

赤斤派人前去要人，阔阔出不但不给反而将来人毒打一顿，甚至“还将马鞍鞴在来人的身上”，以极大的羞辱方式命他回报斡赤斤。次日，斡赤斤亲自前去索要，阔阔出对成吉思汗的幼弟却更不客气，竟率亲兄弟七人围上以毒打威胁，迫使斡赤斤跪在帐后认罪受罚，以示对黄金家族更进一步的羞辱。简直是公然叫板汗权，可以说神权已到了无法无天的程度。而对于成吉思汗来说，或者是因为相距遥远事发突然，或者是因为忙于大政无暇他顾，或许是有意纵容让其自我暴露，总之，似仍被蒙在鼓里茫然不知……直到第二天凌晨斡赤斤逃归，跌跌撞撞地闯进了大汗的宫帐，跪地哭诉被阔阔出羞辱的经过，尚未起身的成吉思汗似这才知道事态的严重性。

蒙古军队出征图

但他却久久沉默着一言不发。这时正妻孛儿帖点破了迷津。只见她尚来不及穿衣，坐着用被子捂着前胸就失声痛哭起来。女人的哭声本来就极具打动人心的力量，更何况她的泣诉又那样发人深省。她一针见血地指出："阔阔出只不过是个萨满巫师，为何敢这样胆大妄为？之前将合撒儿打了，如今又要斡赤斤下跪，是何道理？你今健在，他尚将你桧柏般成长的兄弟们如此残害。以后你老了，如乱麻群鸟般的百姓，又如何肯服你又小又弱的儿子们管？"真可谓句句切中要害，声泪俱下地道出了神权侵蚀汗权的可怕后果。成吉思汗是何等远见卓识的人物，只不过他思谋良久后却仍然沉默不语。孛儿帖泣诉后还在捶胸顿足继续号啕，终于促使成吉思汗痛下决心提前解决这个问题。但回应特别简单，只是恩准斡赤斤“阔阔出由你随便处置”！

但私下的布置却是格外周密的……

这一天恰好是百官、众将、部族首领及重要的萨满巫师觐见大汗的日子，成吉思汗要的就是这种当众突显汗权的至高无上、不可侵犯的场面。只不过方式略显原始的野性，竟听任斡赤斤挑选了三名凶悍无比的大力士

御座上的成吉思汗

隐伏于帐外。当然，阔阔出以神的代言人自居必先进入汗帐，斡赤斤就趁机率力士猛扑向这位功高震主的首席巫师，以挑战摔跤为名三下五除二便将阔阔出放倒了。不但将其脊骨折断令其当场一命呜呼，而且也将神权的美梦彻底击碎，令诸萨满巫师从此一蹶不振。再看成吉思汗，不但身旁禁卫森严，而且自己也神眉佛眼的，态度颇为超然。在觐见前挑战摔跤是常有的“以悦天颜”的项目，要怪也只能怪阔阔出违法犯上，长生天早抛弃了他。果然，杀一儆百的效果极佳，没过几天，战战兢兢的萨满巫师们便纷纷出面解释：长生天既然把天下赐

蒙古贵族下象棋

给了大汗和他的子孙，当然人间的萨满教也该听从大汗及其子孙的管辖。阔阔出违背天意，自取灭亡……旁观的各路权贵本来尚沉迷于原始的宗教信仰，但看到在灭了神的传话人之后，大汗及其黄金家族竟毫发未损，故认同了巫师之说，从此对成吉思汗更唯命是从了。

汗权与神权之争就此告一段落……

直到此时，成吉思汗才成为整个蒙古草原真正的主宰者，拥有了真正至高无上的权力。不但萨满巫师们把他视为神在人间的代表，就连各路权贵也绝不敢再违抗他的旨意。直至达到了“坚信变为迷信，听从变为盲

头饰

成吉思汗骑射图

从”的程度，整个马背民族纷纷向他尽献忠诚。但也必须指出，成吉思汗非凡的雄才大略和独特的人格魅力，也是形成这种众星捧月态势的重要缘由。是他，使广袤的蒙古草原由四分五裂最终实现了统一；是他，使马背民族由饱受屈辱最终昂起了高傲的头颅。人有了尊严，马有了动力，随之他的意志便成了全民族的意志，他在马上健儿的心目中渐渐演化成了一尊神，最终在游牧民族中实现了真正的“政教合一”！

而在神权和汗权的决战中，伟大的母亲诃额仑功不可没，贤能的正妻孛儿帖功不可没！

必须首先指出：在成吉思汗统一蒙古之前，在普通牧民的脑海中根本没有什么国家的概念，心目中似只有自己所属的那个部落、那个族群及其世袭首领。

为此，只要部族存在，内斗便永无休日……

成吉思汗乃大智慧者，焉能不知此乃造成蒙古草原千百年来“一盘散沙”的根源所在？为消除这种历史弊端，就势必会打破古老的部族制而以新的体制取而代之——

这就是成吉思汗所推行的千户制！

借着一统草原百战百胜的威慑力量，凭着初登大位至高无上的权威，成吉思汗雷厉风行，说干就干，不久便当众宣布废除祖传的世袭部族制，也算得一次“鼎新

铁蒺藜（刑具）

革故”。随之又以极大的魄力重新组合，将麾下的部众划分为九十五个千户，而每千户之下又有分属的百户、十户，并分配划定相应的牧场和草原。“千户”既是军事单位，又是地方行政组织。史载，他要求千户下属的牧众“上马则备战斗，下马则屯聚牧养”，必须在划定的千户范围内“游牧与应役，不得擅自离去”。并且“严禁重提昔日部族名号”“凡大汗下属臣民，不论贵贱一律统称蒙古人”，以此来激起马背民族前所未有的民族自豪感，从而扎实千户制的基础。

真可谓：天翻地覆慨而慷……

银鎏金顶饰

从总体上看，一个千户所辖人口和面积，大体和过去的一个氏族部落相等。后人总认为这肯定会“打乱了重来”，以彻底取代旧有的氏族部落制。其实不然，成吉思汗在处理此事时相当慎重，他奖惩分明，组建有序，以矢忠为最高的衡量标准，分别采用了下列三种不同方式——

其一，对那些始终忠心于自己或后来依附于自己的部族首领，恩准其将本部族众统一改组为若干个千户。

其二，对那些矢忠追随自己打天下之功勋卓著的亲信将领，特许其收容其他散亡的部落族众组成千户。

其三，这是最主要的部分。对那些在统一战争中被覆灭瓦解了的众多不同氏族，委任心腹重将收容其部众

印章、花押、铜权、银币

分别混合掺杂而组成若干个千户。

以上均可见于《元史·兵志一》。

各千户的首领，汉史称为“千户长”或“千户台”，蒙古史则统称为“那颜”，也可译为“官人”，后又兼有“贵族”之意。但不论名称如何，均需由大汗亲自任命勋贵和那可儿担任。那可儿，可直译为“伴当”“同伴”或“亲信心腹”，系指那些追随大汗打天下的亲信功勋将领。但即使如此，似也难让人掉以轻心。故在各千户之上，又分设左右翼两个万户之职，代大汗行驶监督之权，以节制各自所辖的下属数十个千

铁锈花大罐

户。

就这样原始的氏族部落制就被彻底瓦解了……

从中不难看出成吉思汗的胆识和雄心，在破旧立新中树立了自己至高无上的绝对权威。“千户制”作为整个民族“军民合一”的新体制，彻底结束了昔日部族林立、仇杀不断的混乱局面。从此，马背民族有了命运的主宰者，茫茫的大草原上也构建起新的统治秩序。然而，这似乎只是个基础，对实现宏誓大愿仍远远不够。作为千百年来统一蒙古高原的首任大汗，成吉思汗又采取了更高度集权的举措。

那就是充分利用旧有的怯薛制……

怯薛，似也可直译为亲兵。源于草原部族首领的

破晓时的进击

蒙古包

护卫，带有浓厚的父权或大男子主义色彩。原部族首领的怯薛，大多人数有限且是轮值的。即使到成吉思汗登上大位时，他身边的怯薛护卫也不过五百五十人。在推行千户制后，成吉思汗发现原有的怯薛已难以适应新形势了。为了更有利于号令天下、威慑四方，随之便改造起旧的怯薛制。由五百五十人扩建为上万人，由亲兵轮值改为专职护卫。尽收精锐！其中包括：一千名宿卫、一千名箭筒士、八千名散班。散班，即随时候命矢忠于大汗的骠骑勇士，大多从贵胄勋将及各大千户的儿子中挑选。只有弓马娴熟、体魄强悍者方能入选，既带有人质的色彩却又前程无量、光荣无比。当然“白身人”——平民庶众——有更出色者也在入选之列。为此，能成为大汗驾前的近卫军，莫不人人尽献忠诚，个个争比骁勇。很快就使怯薛从质上有了根本的转变，不久便成了这游牧帝国中最精锐的核心部队，从此怯薛又被延伸为：大中军、御林军或禁卫军。

有了核心的武装，尚需核心的将领……

成吉思汗深谋远虑似早就有所选择了，这就是史称“开国四杰”的博尔忽、木华黎、博儿术及赤老温。这四人皆为成吉思汗深信不疑的那可儿，从少年起就跟随他出生入死转战南北以成大业。不但人人都具备统帅资质，而且个个均久经考验、忠贞无比。因为怯薛的主要职责是：一、保卫大汗金帐，随从大汗出征和分管汗廷的各类事务。二、千名宿卫轮流负责夜间护卫，千名箭筒士和八千散班轮流负责白天护卫。而且是“分四番入值，每番三昼夜”，故而总称“四怯薛”。为此，成吉思汗即把上述“四杰”任命为“四怯薛台”（台，官将之称，即怯薛长或怯薛统领），从而在大汗周围形成了一个最高的军事参谋总部。

但执政核心也并不乏另类人物……

这是成吉思汗掌控汗权的又一大特点，即绝不蹈袭金王朝所使用的汉地汉法，没有什么“文官组阁，武将

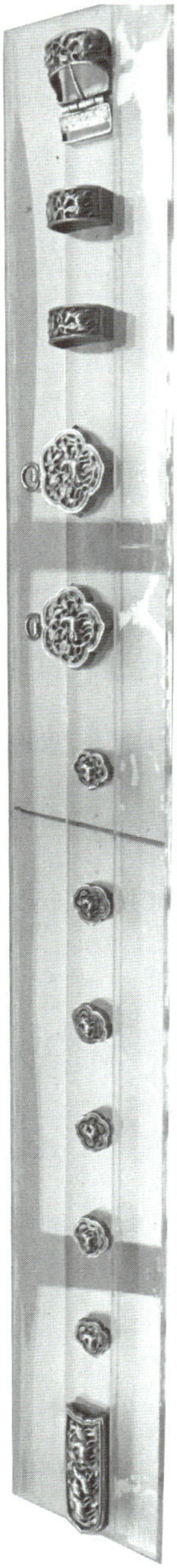
元代鹿衔灵芝纹纯金腰带

守边”之说，而是起用了一批似文武均不靠边的执事人员。此等人员统称“赤”，也可译为“执事”，乃专门负责大汗金帐某部分事务的世袭官员。用汉文化去思考实在令人难解，这不就是在深宫大内打杂的吗？总之，似乎只是一群贴身的奴仆。比如——

博儿赤：掌烹饪饮食者。

昔宝赤：掌鹰隼者。

阔端赤：掌从马者。

答拉赤：掌酒者。

火儿赤：主弓矢者。

云都赤：带刀者。

札里赤：书写圣旨者。

必阇赤：掌文书者。

速古儿赤：掌内府尚供衣服者。

怯里马赤：译员。

……

花卉纹三彩香炉

看起来一个个职卑位轻，根本不具备被重用的条件。其实不然，这些“赤”不仅绝大多数出身于草原的名门望族，而且是凭着累累战功一步步提升到大汗身边的。他们才不在乎干这干那的，能常伴于“普天下之大汗”驾前便是他们最大的骄傲和光荣。绝不同于中原地区追求的封王封侯，能得到大汗的信任才是人生最值得自豪的。更何况！成吉思汗既然能把他们选拔到高层，也会充分发挥这些人各自的潜能。如火儿赤与阔端赤，后来分别被委以军备与后勤等重任，并得以进入汗廷的核心集团，参与高层的机密议事。

就这样，草原汗国的中央政治架构初步形成了……

一切均以成吉思汗的雄心壮志为出发点，所有进入核心集团的成员均为战争经验丰富者。足可见七百年前，“先军思想”便在茫茫大草原上产生了。但很可能是没有想到形势会如此迅猛发展，到后来似乎单靠这种“先军”的架构已经无法应对现实的需要了。好在辽金两代尚留下种种文官名号，实在不行了就抓上几个先顶

成吉思汗骑马像

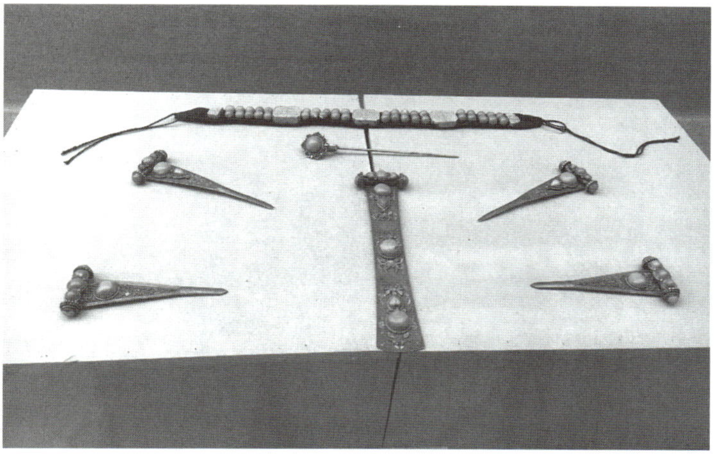

头饰

在头上应付着。总之，混乱极了……而在成吉思汗初期却绝没这种问题，一门心思就为了打仗，怎么有利于战争就怎么来。后来，成吉思汗下旨规定，怯薛护卫的地位高于在外分布的九十五个千户台。再加上那些好战的文职执事（原来也多是军事将领）的参与，一部战争机器就这样缓缓启动了。

怯薛的扩建，执事的参与，不仅使成吉思汗牢牢控制着一支强大的近卫军，而且也协助他行使了中央的诸多政治职能。成吉思汗是深知如何凝聚民心浴火重生的，最终他率金戈铁马冲出了草原，开始了马踏欧亚、震撼世界的军事征服。

“寿”字纹铜酒壶

攻无不克，战无不胜，战果的辉煌突显于被占领的广袤地域上。

以蒙古草原为中心，东西两翼不断在扩展着……

成吉思汗遗产之三：分封与战争跳板

分封，在中原的历史故事中并不少见。比如汉代的七王之乱、晋代的八王之乱，均是由分封种下的祸根。

但成吉思汗的分封却颇具自己的民族特点……

1214年前后，他就在不违背蒙古民族祖俗“幼子守灶”的情况下，把被征服的广袤土地当作家产进行分封，包括下属九十五个千户及以蒙古母地为中心的东西两翼，均分封给自己的诸子与诸弟。出手不凡，豪迈大方，自己仅留下了位居大蒙古国中心的草原母地，但绝无后顾之忧，因为在他的心目中从来就没有过“鞭长莫及”这个词。

先说对诸弟的分封——

大弟合撒儿的封国在也里古纳河（今内蒙古额尔古纳河）、斡难河（今内蒙古海拉尔河）、阔连海子（今内蒙古的呼伦湖与贝尔湖）等一带。

次弟合赤温的封国在兀鲁灰河（今内蒙古乌珠穆沁旗乌拉根果勒）南北地区。

急速递令牌

绞盘

幼弟斡赤斤的封国在哈勒哈河流域。

另一异母庶弟的封国在怯绿连河（今内蒙古克鲁伦河）中游地带。

以上受封诸弟总称“东道诸王”或“左手诸王”。

再说对诸子的分封——

长子术赤的封国在海押立（今内蒙古巴尔喀什湖东南卡帕尔西），到花剌子模地区，西北延伸至今伏尔加河流域的撒合辛及不里阿耳（古地名），再加上顺这一方向“蒙古人马蹄所能达到的地方”。

次子察合台的封国包括畏兀儿地区，西至中亚的撒麻耳干（原花剌子模国都，今撒马尔罕）、不花剌等繁荣发达地带。

三子窝阔台的封国在额尔齐斯河上游与巴尔喀什湖以东更加富庶的辽阔地域。因已破格被立为“汗储”，故离草原汗廷最近。

幼子拖雷未被立储，也没有封国，似仍需留在中央汗廷为父母“守灶”尽孝。虽多有遗憾，却也保留有茫茫的吉里吉思（今叶尼塞河中上游）大草原为封地。

以上受封称王者统称“西道诸王”或“右手诸王”。

铜烛台

狩猎图

从此，拥有“分民封地”的诸子和诸弟，便受命开始各自组建起自己的“兀鲁思”。在这里“兀鲁思”已不能单纯译为“国家”，似还含有封国之意。再加上分民时也必然分得若干千户，那些统领众多牧民的那颜也就逐步转变为各封国的“家臣家将”了。这也是个消除隐患的好办法！除了中央核心架构的集权统治外，还有诸子诸弟分地域的严格治理。从此，对诸子诸弟的分封，便与千户制与怯薛制并存成为另一项基本国策。

黄金家族至高无上，大汗权威主宰一切！

分封，把家族利益的分配延伸到对整个草原汗国的管理，后代史学家将其总结为“大汗直辖与诸子诸弟分

领的复合（统治）体系”。雄才大略！绝没有中原古代帝王分封时的无可奈何，而是意气风发地把目光眺望向更遥远的地方。

征服！征服！战争机器还在他心中运转着……

很显然，他是想把东西两翼诸子诸弟的封国当作跳板，以利于他向东向西向更遥远的地方扩展。“普天下之大汗”必须名副其实，正在创造的历史辉煌绝不能中断。

的确！分封给草原帝国的征战注入了巨大的驱动力。但也必须指出，分封也给大蒙古国未来的发展与转型带来了重重阻力，也为最终的“合久必分”埋下了隐患。

在他看来，这一切似乎均应顺应天意。

重要的是留下民族凝聚力……

成吉思汗遗产之四：初创文字与制定“札撒”

凝聚民族的意志，似乎是更艰巨的一项“工程”……

不可否认，成吉思汗能彪炳史册、名扬千古，确实主要是靠他那震撼世界的赫赫武功。古今中外，至今尚无人能及。是武功使他改变过世界的格局，是武功使他改写过地缘政治，也是武功使他列身于伟大历史人物之中。姑且免谈那些破坏性的副作用，13世纪好像就是他的世纪。

如此骄人的伟业怎能离开一定的文治呢？

有史可考，当契丹大儒耶律楚材被召至他的麾下时，就在沉浸于战争狂热中的汗廷上下引起一片哗然。一位善制强弓的火儿赤当众进谏说：“国家正当用兵之时，如耶律楚材这般的儒士留之何用？”谁料耶律楚材竟能挺身而出自辩道：“制弓尚需请良匠，难道治天下能不用治天下之人才乎？”众皆错愕，唯成吉思汗颔首“引以为然”。由此可见，这位至高无上的大汗还是颇

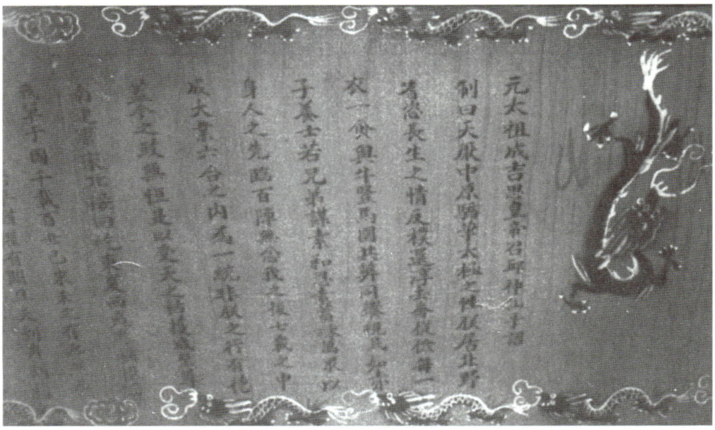

元太祖手诏

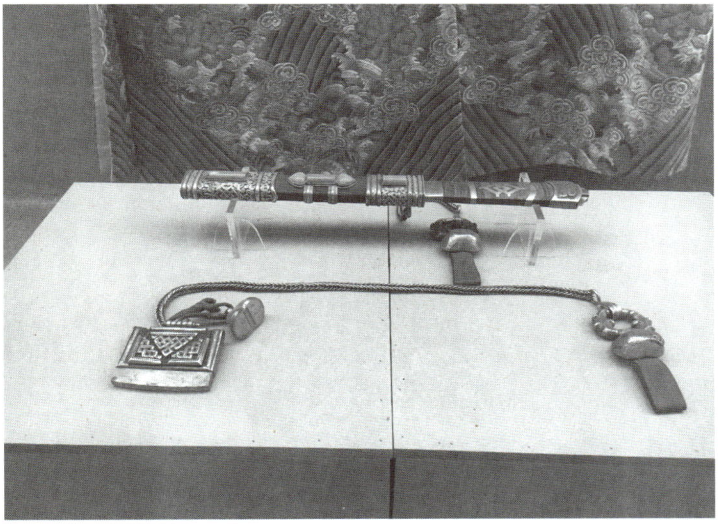

珊瑚蒙古刀

为认同治国尚需文治的。而事实也确如此，在耶律楚材到来之前，成吉思汗在文治方面就做了几件意蕴深远的大事：

其一，初创蒙古文字。

13世纪，蒙古民族的崛起如核裂变一般，以迅雷不及掩耳之势便建立起庞大的地跨欧亚的游牧帝国。扩张速度是大出人意料，什么都来不及准备，当时蒙古民族甚至没有自己的文字。据史载，崛起初期，发布号令、传递讯息以至派遣使者等，均只能用“手指刻记”。实在是影响征服的脚步，而且和奔袭、突袭、奇袭的战术

饮茶

极不相配。面对这样一个严重的缺憾，首先给予其高度关注的仍然是统率着千军万马的成吉思汗。戎马倥偬间，他仍无时无刻不在想着如何解决这个问题。一次，在攻灭强敌乃蛮部的大捷声中，他并没有注意缴获的种种令人目眩的奇珍异宝，而唯独把俘获的乃蛮部掌印官塔塔统阿叫到了身边。史载，成吉思汗“捧其部金印反复把玩”，并“审视其上铭文百端询问之”。原来乃蛮部已先一步开始用畏兀儿拼音字母拼写记录本氏族语言，盖此金印后，“出纳银谷、委任人才，一切事皆用之，以为信验”。成吉思汗闻之大喜，大受启发。很快便将塔塔统阿纳于麾下，令其也用畏兀儿字母拼音试创统一的蒙古文字。在成吉思汗亲自主持下，历经反复试验，最终大获成功。随之，便有了用这种初创蒙古文刻就的大汗御用金印，并下旨传令诸子诸王“皆随塔塔统阿习用之”。传说中的仓颉造字已是中华文明的一大亮点，难道成吉思汗主持初创蒙古文能不算文治吗？

其二，制定“札撒”。

“札撒”，蒙古语，直译为“法令”或“法典”。它的制定和出现，似可视为马背民族由战乱向文明社会跨进的一大步。

而“札撒”也是由成吉思汗亲自主持制定的。

在蒙古草原即将大一统之前，这位“一代天骄”就对这个问题开始深深思索了。似乎他早已深知“没有规矩难成方圆”，要推行征服政策，就必须先有一套安内的法则。1203年，就在成吉思汗攻灭最后一个强大对手王罕所率的克烈部后，他已初步制定出一套颇为严峻的“札撒”，并召开大会，当众宣布。1219年，在他已成为功成名就的征服者之后，又几经修订，几经完善，最终在西征前夕的忽里台贵族会议上公之于众。据史载，这是一部“重新确定了训言、律令和古来体例”，并受命写在羊皮纸卷上更加完善的“大札撒”。有法可依就算时代的一大进步，这难道不算成吉思汗的文治吗？而且是先抓根，先固本，力图使草原母地无后顾之忧。只可惜这部草原法典后来竟遗失了，唯留部分条款散见于中外相关史籍之中。

现仅举几例，以窥“大札撒”之原貌——

例一：那颜们（系指官僚或贵族阶层）不得背离君主而投靠他人，不得擅离职守，违者处死！

例二：挑拨是非，构乱皇室者处死！

例三：收匿逃奴而拒不归还原主者处死！

例四：盗窃牲畜者九倍偿还，否则偿以子女！

例五：强盗寇掠者处死，籍没其家赔偿受寇方！

例六：说谎诈骗，以幻术惑人者处死！

例七：禁便溺于水中，禁留余烬于草场，禁……

青花瓷

宴饮图

总之，“大札撒”是成吉思汗为草原汗国制定的最高法典，也为统一后的“也客蒙古兀鲁思”提供了法律依据和法律秩序。必须指出，除“札撒”外，还有一种史称“必力克”的条文作为辅助。“必力克”，系记录在册的成吉思汗之训令和训言，似蒙古草原古代的“最高指示”。发展到后来，凡举行议定新汗或征伐等重大事务的忽里台大会，都必须首先读“大札撒”或“必力克”以为训。

曾经西方史学家因历史成见，对“大札撒”评价并不高，后来由于全球气候变暖，绿色环保运动兴起等种种原因，突然间他们竟一反常态捧读起这部古代马背

蒙古汗王猎鹰图

民族的大法典。据说，这是因为他们在“札撒”中发现了游牧民族古老的“环保意识”。比如“禁便溺于水中”“禁留余烬于草场”等众多游牧中的禁忌，而这也说明了成吉思汗绝非仅仅是个狂热的征服者，同时也是一位热爱草原、保护大自然的先驱者。更需指出，有些国外环保专家认为“札撒”是世界上最古老，也是人类第一部环保法。姑且存疑。

其三，提前设置专职的司法高官。

1206年，刚登大位不久，他即任命自己的养弟失吉忽秃忽为扎鲁忽赤，成为汗廷少有的高级文职人员。扎鲁忽赤，汉译为“大断事官”，其职责主要是“掌管民户分配”与“刑狱词讼”。据史载，成吉思汗任命后曾对他说：“如有盗贼诈伪之事，你惩戒着，可杀的杀，可罚的罚。百姓们分家财之事，你料断着。凡料断的事，写在青册上，以后不许诸人更改！”而“惩戒”与“料断”均离不开法，因此失吉忽秃忽便成了成吉思汗制定和完善“札撒”的主要助手，功不可没，史称其终生“不辱圣命”。为此，当代著名元史专家李治安先生曾评价说:“大断事官是大蒙古汗国的最高司法行政长官，相当于‘国相’。它的问世，意味着草原帝国国家机构的逐步正规化。”既有法，又有最高司法行政长

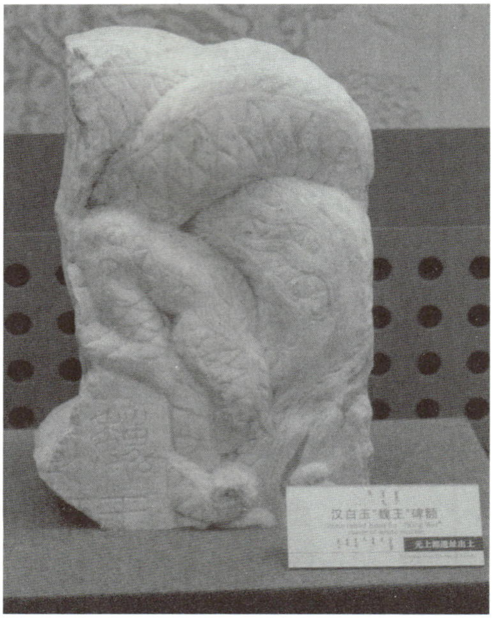

汉白玉“魏王”碑额

官，难道不能称之为文治吗？

除此之外，文治之例还有很多……

但为什么成吉思汗在“文治”方面的功绩很少有人提及？这很可能是被他那赫赫战功所遮掩了，也算一种“灯下黑”现象。人们似乎只知道他怎么马踏欧亚缔造了空前绝后的庞大帝国，竟将上述文治功绩视为“细枝末节”不予重视。

其实，成吉思汗不但是个超凡的军事统帅，而且是个集大智慧的杰出治国者。

成吉思汗目光敏锐、胸怀开阔，始终引领着蒙古民族不断向前！

成吉思汗遗产之五：海纳百川和与时俱进

若提到成吉思汗的胸怀，常会联想到两个人的名字：耶律楚材与丘处机。

有中外诸多史籍可考，这位前无古人的征服者确实天性坦荡，襟怀如茫茫草原般开阔。早在一统蒙古部族的征战中，就已“不计前嫌，广纳智勇，不分部族，为我所用”，气魄宏大，奠定了他必成大业的基础。

且放下耶律楚材与丘处机不提，先以蒙古族名将哲别为例……

哲别，原为敌对部族一员智勇双全的猛将，曾于双方激战中射伤成吉思汗的颈部。血流如注，按氏族传统当被视为奇耻大辱。但成吉思汗在灭其部族并将哲别俘获后，竟力排“皆欲杀”之众怒而带伤对其“百般抚慰之”。做得比“诸葛亮收姜维”还细致彻底，致使哲别最终成为死心塌地追随他的常胜将军……由收哲别还可引申出成吉思汗在征战中另一个用“文”的故事：1218

年，哲别奉命直穿中亚跨南俄罗斯，攻打“黑契丹”（西辽）以追剿太阳汗之子所率残部。因中途所经之处多伊斯兰教信众，故成吉思汗适时点悟他曰：“吾之所崇奉之长生天何其高远阔大，星星或月亮均缀其上。神意如此，何不容之？”这真可谓大征战中之大“文”，怎能不使哲别顿时大彻大悟？哲别一路征战一路高声宣示：“每个人均可有自己的信仰，保持自己祖先的宗教规矩！”似可视之为世界上第一部宣示“尊重各民族的宗教信仰”的公报，果然威力无穷，最终大破“黑契丹”而收其国土。然而，正如翦伯赞先生“后台演兵场”之说，中原大地对成吉思汗似仍有一种宿命似的吸引力。

终于该说到两位中原文化的代表人物了……

耶律楚材（1190—1244），契丹贵族后裔，生于今北京香山，且久居汉地。自幼丧父仅靠慈母养大，史载其“饱读经书子集，深谙孔孟之道”。后曾因避战祸入报恩寺“礼佛三年”，故有日后他那“从政以儒教，修身以佛法”之说。后被召入成吉思汗麾下，不久便因“才识过人”成为驾前亲信重臣，又因他身材伟岸，尤显一脸浓髯，竟被成吉思汗戏昵地直呼为“吾图撒合里”（蒙古语，“大胡子”）。

耶律楚材来到草原之初，就向成吉思汗大讲中原历代王朝兴衰的故事，并借机在汗廷上下大肆宣扬“君君、臣臣、父父、子子”等孔孟之道。以现代人的语言来说，这应当是一种“软实力”的乘虚而入。但成吉思汗越听越觉得，大胡子所讲的这种儒家学说似对加强自己的“硬实力”更有用。随之便海纳百川地采取了“拿来主义”的态度，对耶律楚材提出的有利汗国的献策大多言听计从。据史家考证，木华黎所奉“兼容并蓄，笼络八极”治理中原之策，源头很可能来自这位契丹大儒

耶律楚材

之谏言。再如，开国初期，征战频繁，所征服广袤国土当如何管理，尚无制度，确实发生过“烧杀掳掠、任意屠城”等血腥暴行。而在伴驾西征途中，耶律楚材便以“自毁金盆”为喻进行及时的谏阻。更难能可贵的还是成吉思汗那超凡的统帅气质，一经踏出草原冲向世界便更加眼界开阔、胸怀天下。几经大胡子的暗喻明点，顿时下了一道与时俱进的诏旨：“不是汗廷的命令，不得随意征敛财物，死刑必须上报汗廷，违者处以极刑！”可以说这是翻天覆地的转变，从此耶律楚材的地位就日

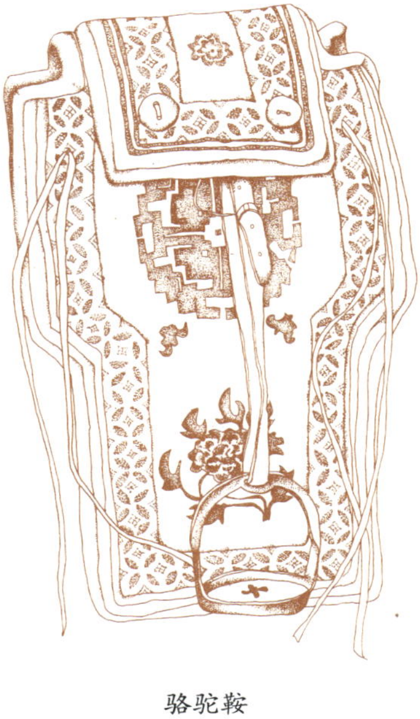

骆驼鞍

渐突显。只可惜传统守旧势力如此顽固，而有历史成见的中外史家也大多只侧重笔伐早期的攻伐杀掠……

史称耶律楚材为深入“漠北第一儒”，由于他的影响追随他而来的各族儒者也越来越多。从此儒家学说便渐渐传播至茫茫草原。“从政以儒教”绝非妄言。这位契丹老夫子的故事，后面还要继续讲到。

丘处机（1148—1227），汉族，祖籍山东登州栖霞，全教全真派之第二代掌门人。深得老庄哲学的要义，对《道德经》更有精深的研究，并且是“儒道同源”的推崇者。自幼学道，自号长春子，信众尊称为长

狮纹兽足温酒壶

春真人。有关他的神话传说颇多，故到木华黎奉命治理汉地时，他已是闻名中原的“神仙”。据史载，乃“骆驼将”扎巴尔向成吉思汗宣传和推荐的他，因而这位老道似也只能奉诏去拜见这位震撼世界的征服者。历时三年，方才追上正在西征途中的成吉思汗。1222年五月十五日，二人相见于撒马尔干郊外一座大帐里。其实，成吉思汗想要的是那传说中道家长生不老之药，但开口问的却是治国之道。丘处机直言回答道：“欲统一天下者，必在乎不嗜杀人。治国之方，以顺天爱民为本。”与耶律楚材宣扬的一样，成吉思汗似也只能改口坦求“长生之药”。丘处机答曰：“世上本无长生之药，更无长生之人，只有延年益寿之法，其要以清心寡欲为本！”这曾使成吉思汗大失所望，但又不得不佩服这位道长的正直与坦荡。丘处机一身的仙风道骨，致使成吉思汗想通了之后更想与他畅谈。成吉思汗广纳“天人合一”“顺天爱民”“上善若水”等诸多道家思想，从中似乎理解了丘处机为何仅为给自己讲“清心寡欲”四个字，便可不顾老迈年高跋涉三年而来。从此，再没有听到成吉思汗提“长生之药”的事，反倒开始考虑起对未来的安排……虽然说长春真人并没有耶律楚材的影响大，但中外史家对他此行均有很大篇幅记述。这不仅

是将他作为一位古代的“和平使者”，而且也是为了突显成吉思汗征服方式的转化。丘处机回到中原不久便于1227年逝世了，享年八十岁，尚留下一篇七言诗以供后人了解古代的草原，现全诗抄录于后——

极目山川无尽头，风沙不断水长流；
如何造物开天地，到此令人放马牛。
饮血茹毛同上古，峨冠结发异中州；
圣贤不得垂文化，历史纵横只自由。
坡陁折垒路弯环，到处盐场死水湾；

坛城

尽日不逢人过往，经年时有马回还。

地无木植唯荒划，天产丘陵没大山；

五谷不成资乳酪，皮裘毡帐也开颜！

此诗出自古籍《长春真人西游记》，姑且不论其中谬误（如茹毛饮血），只供参考。但成吉思汗的确是在丘处机走后不久，便于1224年听耶律楚材之劝谏班师回到草原了。儒道同源的“顺天爱民”之说，的确对他产生过很大的影响，而“清心寡欲”之言也使他从此开始考虑大蒙古国的未来走向。上述绝非虚言，细研《元史·太祖本纪》便可尽知其详。

这就是古代马背民族“走出去、请进来”的成果……

有史可考，从此成吉思汗竟有两年再没有亲自统率出征。诸子诸弟都在遥远的东西两翼，身旁只留下一文一武帮他出谋划策。文的即契丹大儒耶律楚材，武的即忠诚无比的嫡幼子拖雷，他们早已成为大蒙古国权力架构核心中的核心。此外，还有一个人也必须提到，那就是已过十岁的忽必烈。由于伟大祖父对他的特殊钟爱而常伴于圣驾，故也常听到大人们议事，但没有发言权。其父拖雷和那“大胡子”由于志同道合相处得格外亲密，因此有的史家称“耶律楚材乃忽必烈儒学之启蒙导师”。

海纳百川，与时俱进，大蒙古国到底走向何方？

似乎翦伯赞先生所说的“大后台”与“冲向中原”那种磁石效应更强了，成吉思汗经过近两年的思考后，竟起兵要彻底灭掉仍偏安于甘宁一带的西夏王朝。难道这又是“只识弯弓射大雕”吗？非也！此次重新转向中原显然与成吉思汗对未来的安排有关：荡涤北方汉地最后一个残存政权，再越黄河灭掉汴梁的后金王朝，统一长江以北的中原大地后，便是直指当时世界上最先进、最富庶的地区——南宋的天下！目标非常明确：他要完成此前匈奴、突厥、鲜卑、契丹、女真等诸多北方少数

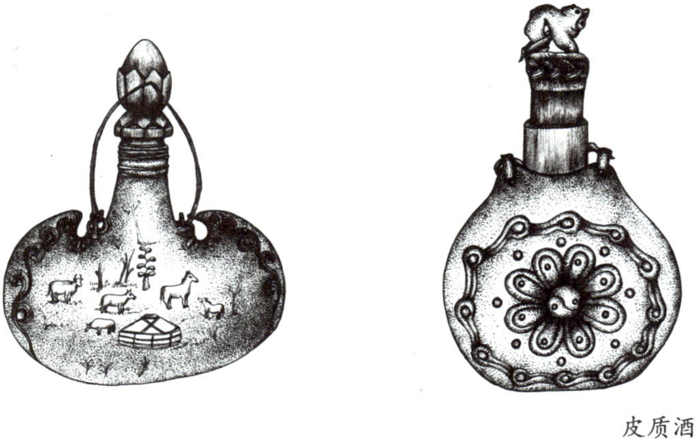

皮质酒壶

民族未尽之志：一统华夏！然后，给子孙们留下更美好、更广阔的生存空间，以利他们再继续“海纳百川，与时俱进”地实现“长治久安”。

以“武功”为子孙的“文治”奠定扎实的基础……这一点只要详查《元史》，就可从成吉思汗临终时留下的“战略部署”遗嘱中初见端倪。

综观上述，这位前无古人的征服者给后代留下的遗产确实是丰富厚重的。既有地跨欧亚庞大的游牧帝国，又有海纳百川、与时俱进的伟大精神。但也必须指出，过于丰富厚重往往会转化为难以负载的包袱。比如，崛起初期制定的世袭千户制、世袭执事制、世袭怯薛制、世袭“大汗直辖与诸子诸弟分领复合体系”制等，没有了成吉思汗至高无上的绝对权威，最终在转型期也会因利益冲突转化为一道道艰难险阻。

大有大的难处，登上巅峰后眼前往往就是低谷……

因为，除上述之外，成吉思汗的去世还埋下了个“承载着人类共有弱点”的可怕的隐患。这就是法国格鲁塞在其著作《草原帝国》中一针见血所指出来的：“成吉思汗为子孙们留下了地跨欧亚的庞大的草原帝国，同时也为子孙们留下了无休无止的权力之争……”这的确是个难以回避的要害问题。

在伟大祖父逝世时，忽必烈刚刚十二岁。虽然说他非常聪慧也深知祖父对未来的宏伟愿景，但尚轮不到一个孩子为此忧虑或置喙。况且早有了既定的继承人，父亲还被公推为“监国”，而且耶律楚材也在汗廷中发挥着越来越大的作用。

少年不知愁滋味，小忽必烈擦干眼泪已在暗下决心！

翘首以望未来，感到满目辉煌！

心中唯有圣祖遗愿……

仅从以上几个方面来看，就可见成吉思汗振兴蒙古民族之不世之功！

一项项遗产似一块块坚实的政治基石！

蒙古民族最终踏上了辉煌的巅峰！

他的辞世必引起全民族巨大的悲哀！

他的葬仪必将震撼世界！

但依照古俗……

大汗葬仪

在第一节中，为全面介绍成陵的今昔，曾大略介绍过古代蒙古民族的丧葬文化。但面对着巍峨的成吉思汗陵，似已不足以反映蒙古民族超然的生死观：来自草原，回归草原！牧人如此，大汗也如此！

为此，特专开此篇以更深地理解成陵的缘起……

人的一生，必须历经生、老、病、死这个过程。在这一点上，不论民族、信仰、尊卑，最终均一律平等，也可称之“殊途同归”——死。只不过帝王之死被称为“驾崩”，乞丐之死被称为“馁毙”。其实没什么两样，死了就是死了，余下的只有丧葬文化上的差异。

而在汉地和草原，丧葬文化更是大相径庭。

汉地老百姓崇奉“落叶归根”的葬俗。一般来说，做子女的都会想尽办法使逝者入葬祖坟，尽量风光地使先人入土为安。为此，古代曾有董永卖身葬父感动七仙女的故事，可见不惜一切代价做“地下文章”。而马背民族似乎是在“反其道而行之”。他们更推崇“回报草原”，从无一家一族的“祖坟”之说，而是认为茫茫大草原处处皆可当作自己的归宿。不但从未有过尽量风光地在地下大做文章的想法，而且公然坦坦荡荡地将逝者置于草莽深处“仰天野葬”。汉地和草原葬俗强烈的对比，常令偶遇者大感莫名惊诧。

其实，这皆源泉于农耕文化和游牧文化的差异……

一般来说，蒙古民族对生死的态度均相当豁达，他们唯崇“来自大自然，回报大自然”的祖制，从不幻想在地下再构筑什么人间世界，而是仅装裹上生前

成吉思汗陵宫大殿

祭祀

最好的一套蒙古服饰就“上路”了。悲哀的子女将父母的遗体搭于马背或搁置于光板勒勒车上，经萨满巫师占卜指明方向，便向着茫茫大草原深处缓缓走去了。四野是那么静穆，子女们对父母又是那么难分难舍。故在那原生态的草葬中，这段历程还是相当漫长的。但毕竟终有尽头，最后遗体几经颠簸还是滑落于草丛之中。这便是神示的终点，也就是逝者选中的回报自然之地。如果跌落的姿态是仰面朝天，子女们会欣喜万分，认为是长生天已经接纳了父母的灵魂。如果是朝地，便难免有些惶恐，但求萨满巫师（后来是喇嘛）念咒作法，最终还是能圆满解决的。子女们为逝者整容整衣后依依惜别而去，只能在三天或七天后再来看结果。七八百年前的草原丛莽恶煞煞的，到处出没着野兽，还有天空上盘旋着的鹰鹫和成群的乌鸦，因此等子女们再来时大多早已不见父母的遗体了。如果偶出意外，也会有萨满巫师或喇嘛祈祷苍天，最后也会“终成善果”。这就是蒙古民族的丧葬习俗。直至20世纪六七十年代，偏远的荒漠草原上仍很风行。即使在城市里推行火葬后，许多蒙古族同胞仍然推崇自己民族这种古老的葬仪。比如，我国著名的蒙古族军旅作家格日乐朝克图逝世后，他的女儿们便严遵父亲的遗嘱，将他的骨灰带回故乡撒在他出生的茫

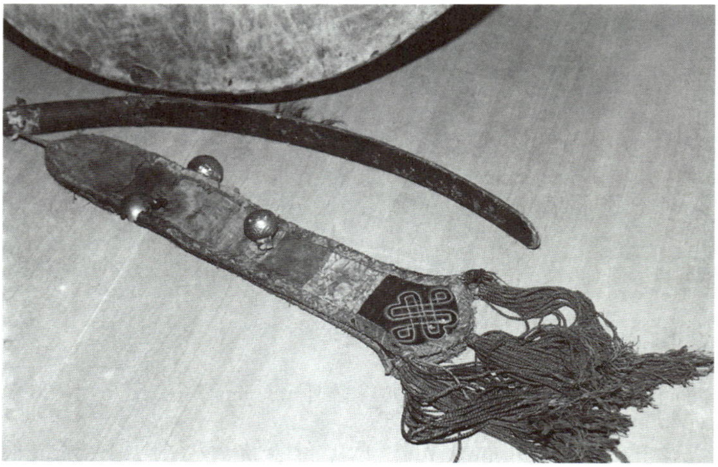

萨满教器物

茫大草原上。有很多牧民也纷纷前来为他送行，似也可称之为另类“天葬”。总之，生产方式的不同，必然造就民俗民风的不同。故汉地和草原在这点上又见差异，当然也就不必大惊小怪了。

至于说到历代大汗的葬仪，也莫不如此……

也许会有人当即反驳：不对！历代大汗从不进行蒙古式的“天葬”，而是已经开始“埋”了！但却必须指出：仅仅从一个“埋”字上便下断言，似乎也太只顾“小同”而忘“大异”了。草原历代大汗之“埋”是受了中原历代帝王之影响还是马背民族因尊崇自己大汗的至高无上而特殊为之，已无从可考，难下结论！但有史可考，此“埋”绝非彼“埋”！依汉制，历代帝王登基之日即开始为自己修建地宫。清乾隆在位六十年再加上当“太上皇”的三年，总共六十三年，为那“地下陵寝”可没少费心思。如果这还说不明白，那咱就再看看秦始皇陵。穷奢极欲，无所不及，仅掀开兵马俑阵的一角，便被全球公认为“世界第八大奇迹”。再查《史记》，更可想象在当初围绕高耸的坟墓那些配殿宫阙群是如何富丽堂皇。总之，汉地历代帝王讲究的就是“突出”与“彰显”。似生怕别人不知道，还专门立“神龟”驮着一块巨碑，在碑上铭刻上自己的名号。而草原历代大汗讲究的却只有两个字：“隐”和“融”。比曹操那七十二疑冢可彻底多了，谁见过历代大汗在草原上立起过一个坟头？旷野茫茫踪迹难寻，就连日本、美国、俄罗斯等多国科学家用尖端仪器一再探测，至今依

萨满教器物

然一无所获。蒙古大汗虽然贵为大汗，却仍唯崇祖俗。“隐”就是“来自草原，回归草原”，“融”就是最终彻底融入大自然，只不过和平民百姓有所不同罢了。当然，为了实现这两个字也必须采取一些应有的措施，随之在海海漫漫的旷野里也会蒸腾起一片恶煞煞的野性气息。

那历代蒙古大汗到底是怎么下葬的呢？

古代重要史籍《黑鞑事略》与《草木子》中均有记载。其中《草木子》为明代著名学者叶子奇所著。因其生活于元末明初且又“博学多闻”，故他的记述可以说更为真实而客观。他对大汗下葬前的准备是这样记述的：经萨满占卜择地，先于起辇谷（后人又称：帝辇谷）广袤的荒野上“插矢以为垣，阔逾三十里，罗骑以为卫，见人皆灭之！”用现代汉语说，就是先在方圆三十里内插箭为墙，以示这里是严格保密的禁区。尚有众多的铁骑巡逻，如还有人胆敢擅入就得掉脑袋……表面看来杀气腾腾，充满着一股血腥的野性气息，但又有多少深知祖俗的牧人会去犯这个傻呢？与此同时，毡帏宫帐里也在依祖俗祖制忙于装殓。选坚实粗直的珍稀楠木分为两半，“凿空其中，类人形大小”。再汗装盛殓，“置遗体其中，合为棺”。虽无外椁之说，但尚需

在这另类“棺”外“加髹漆毕，再以黄金为圈（箍），三圈而定”。随后，便是择日浩浩荡荡地大发丧。除特定的人选外，依然是“铁骑往来，误入者尽皆驱杀”。灵柩运到起辇谷之后，在占卜选定之地“深埋之”。葬后更还要纵万马往返奔腾，“蹂之使平”，绝不允许地面上有一点突显的痕迹。再后，更有神秘之举，牵来一峰尚带着驼羔之母驼。面对着大汗依稀可辨的下葬之处先将驼羔“宰杀之”，然后放任母驼百般嗅血哀鸣不止。这段葬仪进行完了，方才把悲痛欲绝的母驼强行拉走。借动物的嗅觉留下永恒的记忆，随之便下令“千骑

苏勒德祭坛

守之，以待来年百草萌生”。果然，来年眼前便是万顷绿波荡漾，茫茫的旷野上竟不知大汗究竟下葬于何处。来自草原，回归草原，终于由隐没而融入天地之间。从此军帐尽皆撤走，只留下一个个千古之谜任后人猜测。后人欲祭，“则以失幼羔之母驼为导，视其踟蹰悲鸣之处，则知葬所大体方位矣！”从此，这峰母驼便成为神驼，由专人照管。若死则如法炮制一峰新的神驼，代代不息反复轮还。综观上述，中原皇帝与草原大汗之“埋”确实大相径庭。随之而来的便是令世人关注的大问题——

成吉思汗陵今何在?

僧帽壶

青铜供器

成吉思汗似入土为安与茫茫大草原融为一体了。

但七八百年以来却仍存在一个巨大的历史谜团——

成吉思汗真陵今何在？

且听一一道来……

真陵之谜

面对着鄂尔多斯大草原上历经沧桑的宏伟陵园，竟然还会存在这样的历史谜团？而且是一直延续七八百年，久久挥之不去。

对真陵之谜，历史上大体存在四种说法——

其一，认为成陵应在蒙古国肯特山南部的某戈壁荒原。其依据是，某蒙古史典籍曾记载：成吉思汗生前某日，曾坐在山下的一株大榆树下久久静穆沉思，然后忽然起立对手下部将说："我死后就葬在这里！"南宋文人之笔记中也有记载，称在西夏逝世后，其遗体被运往肯特山下之某处莽原腹地"深埋秘葬"。

南宋文人是如何得知？是道听？是途说？……

其二，认为成吉思汗陵寝当于新疆北部的阿尔泰山。其依据是，考古学家在该地曾发现过一座人工改造过的大山，而其时除了成吉思汗外没有任何帝王具有这种实力。《马可·波罗游记》中也记载："在把君王的灵柩运往阿尔泰山的途中，护送的人将沿途遇到的所有人作为殉葬者。”

凿山为陵似中原帝王才有，完全不符合蒙古民族古俗……

其三，认为成吉思汗真陵就在宁夏六盘山附近。其依据是，有记载称：成吉思汗是死于即将灭掉西夏之前夕，其时正值盛夏。而依照蒙古民族古风古俗，人死后三天之内必须处理遗体，如遗体腐烂，就难以升天。故成吉思汗在盛夏逝世之后，就地安葬在六盘山下的可能

长明圣灯大殿

性极大。

但也有史详载，成吉思汗死时曾留有遗嘱：暂秘不发丧……

其四，认为成吉思汗的真陵即鄂尔多斯之成陵无疑！其依据似要比上述三种更扎实，更令人心服口服。鄂尔多斯之成陵，保留有如下的依据供瞻仰者一辨真伪——

1.据明朝宋濂主撰《元史》所载，1226年成吉思汗西征西夏时，确实途经鄂尔多斯市南部之伊金霍洛大草原。见其地“水草丰美、牛肥马壮、碧野连天、美不胜

钧窑碗、盘

成吉思汗陵

收”，曾有过如此之感叹：“他年愿长眠于此！”

圣祖遗嘱，谁敢违背？

2.人证——达尔扈特部族。有史可考，从成吉思汗逝世的“秘不发丧”，到严遵圣祖遗愿秘密将其灵柩迁葬于伊金霍洛大草原，均是由这支忠诚的部族奉命而行的。故而当灭掉西夏的大军北归之后，“唯崇圣祖”的达尔扈特人便被留下护卫成吉思汗陵园。从1227年圣祖辞世起，历经元、明、清、民国，直到内蒙古自治区于1947年成立。其间已跨越七八百年，但达尔扈特人却世世代代始终“矢志不渝”地坚守着成吉思汗陵园。试想，如果这里仅仅是传说的“疑冢”或“衣冠冢”，那达尔扈特的后裔们还会如此坚定不移吗？肯定是他们那些亲历成吉思汗葬仪的先祖们将真相代代相传，才使得后辈儿孙愿永远担当起这份神圣的职责。

而其他三处，均无护陵部族绵延七八百年之说……

3.成陵所保存的重要历史文物，经专家考证已确定绝大多数是成吉思汗时期之遗物无疑。陵殿里不仅供奉有圣祖及其三位夫人与幼子夫妇之“灵柩”，而且尚供奉着成吉思汗两个胞弟之“灵棺”。请试想，这些古人之辞世必有先后，若无成吉思汗真陵的吸引，他们怎么会在死后均归葬于茫茫的伊金霍洛大草原下呢？更何况！成陵大殿内不仅展有成吉思汗征战时用过的战刀和马鞭，而且还展有其九员杰出将领为其效忠的九支“苏勒德”。件件均镌刻有自己的名字，不是誓死效忠又象征什么呢？更重要的还在于，在鄂托克旗阿尔寨石窟中新考古发现多幅壁画，其中二十八窟中之壁画极似《成吉思汗安葬图》。而石窟附近的地形、地貌、地名、途经之处等特征，又与《蒙古秘史》《史集》等史料中有关成吉思汗葬地的描述极其吻合……而其他三处所考查“遗址”，似费尽心机也难得一宗遗物加以佐证。

鄂尔多斯之成陵乃成吉思汗之真陵，似无可置疑……

4.更难能可贵的是，作为成吉思汗嫡系后裔的奇忠

龙泉窑青瓷尊

义老先生，也为了佐证史实亲自接受新华社记者采访。奇姓，源于成吉思汗本名“奇渥温·铁木真”之第一个字。奇老先生十八岁时即承袭王位，乃一代少年王爷。不久，故乡即幸逢解放，少年王爷便抛弃了世袭的一切而投身于革命行列。他曾先后担任过自治区政协的副主席、原伊克昭盟（今鄂尔多斯市）副盟长。奇老先生为人谦恭好学、博闻强识，一生均在为民族团结、国家统一而奉献，在鄂尔多斯的牧民中有着极高的声望。这位德高望重的老人曾这样回答记者说：“圣祖逝世之后，遗体不可能运出很远，秘葬在离六盘山不远的鄂尔多斯的可能性极大。”并举例说明，成陵内黄色绸幔中确实供奉着成吉思汗的许多“灵物”，其中包括吸收圣祖最后一口气的那撮骆驼毛。这些平时对外均是秘而不宣的，但它很可能证实了真陵就是现今之成吉思汗陵！

老人虽稍显语带保留，但作为嫡系后裔之言似分量更重……

综观上述四种说法：无论是新疆阿尔泰山说，还是宁夏六盘山麓说，还是蒙古国肯特山下说，均难与伊金霍洛成陵说相比！难怪早在明宪宗时期，色目军阀乩迦斯兰就欲抢占成陵，以实现其“挟天子以令蒙古”之称霸梦。抗日战争时期日寇也曾故技重演，欲抢占成陵以肢解我华夏各族。这也从另一方面印证了鄂尔多斯成吉思汗陵的真实性与重要性。

但正如奇忠义老人所言，我们并不反对还原历史真相的科学考察……

只可悲！由美日两国主宰的所谓的“科学考察”，虽明显带有“地缘政治”的色彩，却久久一无所获。2001年8月16日，美国克拉维兹所率领的探险队宣布：他们通过探测考察，在蒙古国乌兰巴托东北部发现了成吉思汗陵墓。但后来考古证明，这只不过是一座古代的

“刘伶醉酒”纹磁州窑梅瓶

匈奴贵族墓。2004年10月16日，一支来自日本和蒙古的联合考察队宣称：他们在距乌兰巴托约二百四十公里处，发现一处13到14世纪的灵庙遗址。从灵庙处的遗存推断此处即成吉思汗陵。但此推断一出，当即遭到了全世界许多著名专家学者有理有据的否定，最终就连那个带头的日本人也只好溜之大吉了。

在鄂尔多斯的成吉思汗陵园却仍显得那么祥和、宁静、不为所动……

已经过了七八百年，每当每年的农历三月二十一日、五月十五日、九月十二日和十月初三日，成吉思汗

成吉思汗陵神马

的后裔和无数牧民就要赶到这里举行盛大的祭礼活动。在达尔扈特传承人的主祭下，成千上万的瞻仰者在一片肃穆中向自己的老祖宗顶礼膜拜。在他们看来，伟大的祖先并没有离子孙后代远去，而是早和日月山川融为一体。每当祭日，他总会伴随着明媚的阳光在天上俯看着茫茫的甘德力大草原，为千千万万个子孙后代抛洒甘霖祝福！

啊！永远的成吉思汗，永远的成陵！

马背民族永远的骄傲！

牧人心中永恒的圣地！